어딘가엔 나의 서점이 있다

Bookstores around the world
by Maria Ivashkina

Bookstores
Around the World

어딘가엔 나의 서점이 있다

마리야 이바시키나 지음
벨랴코프 일리야 옮김

윌북

서점은 책과 사람이 서로를 발견하는 곳입니다.
그렇게 마주친 책을 통해 신선한 자극을 얻거나 스스로에 대해 곰곰이 생각해보는 곳이기도 하고요. 서점에서 우리는 다른 이들의 생각과 경험을 발판 삼아 새로운 관점으로 세상을 바라보며 한층 성숙해지기도 합니다. 우연이든, 의도적이든 말이죠. 사실 그런 걸 다 떠나서, 아름다운 표지로 덮인 책들을 하나하나 펼쳐보고 있으면 책을 좋아하는 사람들 사이에 둘러싸여 있다는 사실만으로 큰 기쁨을 느끼게 됩니다.

이 책은 전 세계의 인상적인 서점 25곳을 소개하고 있습니다. 여기에 등장하는 서점들은 저마다의 독특한 역사를 품고 있습니다. 역사가 매우 짧은 서점이 있는가 하면, 몇 세기에 걸쳐 같은 자리를 지키고 있는 서점도 있죠. 조그만 지하실에 자리 잡은 서점이 있는가 하면, 화려한 대극장 안에 들어선 서점도 있고요. 여기에 나오는 서점들은 여러 사람의 노력으로 오늘날까지도 잘 운영되고 있습니다.

이렇게 매력적인 서점들이 세계 곳곳에 퍼져 있다는 사실을 이번 기회에 알게 되어 저는 무척 행복했습니다. 책을 펼친 독자가 자기도 모르게 다른 시공간으로 훌쩍 떠나버리듯이, 여러분도 이 특별한 서점들로 떠나는 여행을 즐기셨으면 좋겠습니다.
언젠가 이 책을 읽은 여러분이 여기 나오는 서점 중 한 곳을 직접 방문하게 될지도 모르겠네요.

이 서점은 한때 최고의 탱고 무용수들이 무대를 수놓던 유서 깊은 극장이었습니다. 아르헨티나는 20세기 초 전 세계에서 가장 부유한 나라로 꼽혔으며 수도 부에노스아이레스는 대규모 항구이자 무역의 중심지였죠. 당시 아르헨티나로 이주해온 500만 명 넘는 이민자 중에는 막스 글뤽스만이라는 오스트리아 사람이 있었습니다. 훗날 그는 아르헨티나 최초의 녹음 스튜디오를 열고 출판과 음반 제작에 대한 저작권 개념을 법제화했습니다. 바로 그가 이 근사한 극장을 재건축한 사람입니다.

엘 아테네오 그랜드 스플렌디드

부에노스아이레스 산타페 대로 1860

El Ateneo Grand Splendid

아르헨티나

레콜레타는 부에노스아이레스에서 가장 화려한 지역으로 이 도시에 '라틴아메리카의 파리'라는 별명을 선사한 동네이기도 합니다. 글뤽스만은 1917년 이곳 극장 건물을 매입해 새롭게 단장하고 그랜드 스플렌디드 극장Teatro Grand Splendid이라는 이름을 지어주었습니다. 극장은 개폐식 지붕, 금으로 장식된 관객석, 이탈리아 화가 나차레노 오를란디의 프레스코화로 꾸민 천장 등 화려한 외양을 자랑했죠.

1919

그랜드 스플렌디드 극장은 문을 열자마자 아르헨티나 최고의 공연장이자 발레, 오페라, 탱고 공연이 열리는 부에노스아이레스의 문화 중심지가 되었다.

1921

아르헨티나 음악계의 기장인 글뤽스만은 자신의 극장 안에 엘 나시오날 오데온El Nacional Odeon이라는 녹음 스튜디오를 열었다. 절대 음감을 지닌 글뤽스만은 카를로스 가르델의 노래를 듣자마자 그에게 특별한 재능이 있다는 것을 알아차렸다. 글뤽스만은 가르델과 곧바로 계약했고, 엘 나시오날 오데온에서 그의 첫 음반을 녹음했다. 이후 가르델은 스페인어권에서 가장 많은 음반을 판 음악가가 되었다.

1924

글뤽스만은 이 극장 내부에 라디오 방송국인 라디오 스플렌디드Radio Splendid도 열었다.

1926

그랜드 스플렌디드 극장은 영화관으로 개조되어 탱고 악단의 라이브 반주에 맞춰 무성영화를 상영하기 시작했다.

1929

이 극장에서 아르헨티나 최초로 유성영화를 상영했다!

1934

글뤽스만은 라디오 스플렌디드와 미국 NBC의 동시 생방송을 진행했다. 가르델이 뉴욕에서 노래하고 기타리스트가 부에노스아이레스에서 연주했는데, 이는 최초의 국제 생방송이었다.

1991

불경기로 문을 닫기 전 그랜드 스플렌디드의 마지막 무대가 열렸다. 역사적으로나 문화적으로나 훌륭한 가치를 지닌 이 건물은 이후 서서히 황폐해져갔다.

2000

사업가 아돌포 데 빈첸치는 학창 시절 이 영화관에 자주 들르곤 했다. 그랜드 스플렌디드가 곧 헐린다는 소식을 접한 그는 자신의 회사 엘 아테네오El Ateneo를 통해 건물을 매입하여 본래의 모습을 복원하는 한편 서점을 운영하기 위해 개조를 진행했다. 관객석이 있던 자리에 책장이 들어섰지만 건물의 유서 깊은 구조는 그대로 남겨두었다. 오페라 발코니 좌석은 책을 읽을 수 있는 안락한 자리로 변했다. 무거운 커튼으로 장식한 무대에서는 여전히 라이브 음악이 울려 퍼지며, 극장의 역사를 추억할 수 있는 문학 카페가 들어섰다.

엘 아테네오는 아르헨티나의 대표적인 문학 전문 출판사로, 1912년부터 고전 문학을 스페인어로 번역하여 소개해왔고 작가들을 초청해 강연을 열기도 합니다. 이 행사는 점차 인지도를 쌓아서 오늘날 전 세계에서 다섯 손가락에 꼽히는 부에노스아이레스국제도서전으로 발전했죠.
부에노스아이레스는 '전 세계 서점들의 수도'라고도 불립니다. 엘 아테네오 그랜드 스플렌디드는 부에노스아이레스에 있는 730개 넘는 서점 중에서도 독보적인 위상을 자랑합니다. 이 건물은 공연 예술과 라이브 탱고에서 녹음 스튜디오와 라디오 방송으로 이어지는 부에노스아이레스의 시대별 예술 변천사를 잘 보여주죠. 공연 예술의 장에서 영화관으로, 다시 서점으로 변화하는 중에도 그랜드 스플렌디드는 그 명성을 꾸준히 유지하고 있습니다.

콜롬비아 수도 보고타 10-47번지에 자리한 이 서점은 매일 오전 10시 47분에 문을 엽니다. 욜란다 아우사는 자신의 서점에 1047년 가톨릭교회에서 성인으로 공표된 첫 여성이자 책 장수들의 수호성인인 비보라다Wiborada의 이름을 붙였습니다. 성인 비보라다가 지켜낸 장크트갈렌 수도원의 도서관 문에 그리스어로 새겨진 말 “마음의 치유소”는 서점의 모토가 되었죠. 성인 비보라다처럼 아우사도 현재 위기에 처한 출판업계를 살리는 것이 자신의 임무라고 생각한답니다.

1943년에 지은 건물을 서점으로 개조했습니다. 1층부터 꼭대기 다락방에 걸쳐 독서를 하거나 대화를 하기 좋은 공간들이 조성되어 있고 카페와 작은 마당도 있어요. 서점에서는 주로 라틴아메리카 문학 작품을 판매합니다.

윌보라다 1047

Wilborada 1047

콜롬비아

세계에서 가장 큰 야외 서점은 미국 캘리포니아주 오하이라는 도시에 있어요. 이 서점의 책장은 햇빛이 잘 통하는 중정과 거리 사이에 있고, 방문객은 나무 그늘에 앉아 독서를 즐길 수 있습니다. 리처드 바틴데일은 군 복무 시절 프랑스에서 보았던 서점에서 영감을 얻어, 가진 책들을 이웃이나 행인들과 공유하기로 마음먹었다고 합니다. 그는 1964년 사람들이 다니는 길에 책장을 세워놓고 그 옆에 빈 유리통을 두어 지나가는 이들이 내고 싶은 만큼 돈을 내고 자유롭게 책을 구매할 수 있도록 했죠. 신뢰에 기반하여 책을 판매하는 서점의 전통이 이렇게 시작되었답니다.

바츠 북스는 시간이 흐르면서 15만여 권의 책을 판매하는 미국 최대의 야외 독립 서점이 되었습니다. 여기서는 주석으로 만든 칸막이와 천막을 사용해 책을 습기와 햇볕으로부터 보호하고 있습니다. 캘리포니아 특유의 건조한 기후와 적은 강수량 덕에 바츠 북스는 무사히 운영되고 있어요.

바츠 북스
Bart's Books

미국

캘리포니아주 오하이시 웨스트 마틸리하 거리 302

시티 라이츠 북셀러스 & 퍼블리셔스

샌프란시스코 콜럼버스 애비뉴 261

City Lights Booksellers & Publishers

미국

미국 문학사를 상징하는 서점이자 출판사인 시티 라이츠는 비트 세대Beat Generation의 성지입니다. 시티 라이츠는 미국 내에서 가장 모험적인 독립 문학 출판사인 동시에 진보적인 사상과 비주류 문화의 중심지로서 미국 대중의 사고방식에 큰 영향을 주었죠. 문학이 이토록 인기 있는 사회 운동이 된 것은 미국 역사상 처음 있는 일이었습니다. 전 세계에서 수많은 관광객이 비트 세대가 남긴 흔적을 보러 버스를 타고 노스 비치에 있는 이 서점으로 몰려들었답니다.

'지쳐버린 세대'라는 의미를 지닌 비트 세대는 1940년대 미국에서 등장했습니다. 작가 잭 케루악이 소설 속에서 이들을 제2차 세계대전 이전의 '잃어버린 세대Lost Generation'에 빗대어 부른 데서

비롯했죠. 비트 세대의 등장은 즉흥성과 충동성을 중시하는 동명의 문학 사조의 출현으로 이어졌습니다. 이 사조에 영향을 받은 작가들은 결과물보다 글을 쓰는 과정 자체를 중요시했습니다. 대표적인 비트 세대 작품으로는 앨런 긴즈버그의 『울부짖음』, 잭 케루악의 『길 위에서』, 윌리엄 버로스의 『네이키드 런치』 등이 있습니다.

1952

피터 마틴은 팝 문화 잡지를 창간하면서 찰리 채플린의 영화 제목에서 딴 '시티 라이츠City Lights'라고 이름지었다. 이 잡지를 통해 로버트 덩컨, 잭 스파이서, 필립 라만티아, 로런스 펄링게티 등이 작품을 발표했다.

1953

마틴은 잡지 홍보를 위해 미국에서 최초로 문고본만 판매하는 서점을 열었다. 마틴이 가게에 '시티 라이츠 포켓북 숍City Lights Pocket Book Shop'이라는 간판을 달고 있을 때 마침 시인 펄링게티가 그 앞을 지났다. 시인은 마틴에게 그의 잡지에 글을 실은 적이 있다고 자신을 소개했고, 자기도 오래전부터 서점을 여는 것이 꿈이었다는 이야기를 했다. 파리에서 '르 미스트랄'이라는 서점(이 명칭은 이후 '셰익스피어 앤드 컴퍼니'로 바뀌었다)을 연 친구 조지 위트먼처럼 말이다. 그렇게 마틴과 펄링게티는 동업자가 되어 품질 좋은 문고본과 비주류 신문, 잡지를 판매하는 사업을 시작했다. 그들은 파리 센강의 헌책 노점상들처럼 사람들이 오가는 길가에 책장을 내놓고 중고 도서를 판매하다가 밤이 되면 책장 문을 닫았다. 시티 라이츠는 일주일 내내 새벽 한 시까지 문을 열며 문학을 사랑하는 사람들의 모임 장소가 되었다. 지금도 샌프란시스코의 젊은 작가들은 여기에 모여 의견을 나누거나 책을 읽고 글을 쓰며 어울리곤 한다.

1950년대 중반까지 미국 서점에서는 젊은 작가들이 사기엔 지나치게 비싼 양장본만 유통되고 있었습니다. 추리 소설이나 연애 소설이 주를 이루었던 문고본은 '진짜' 책이 아니라는 인식이 강해서 주로 약국, 버스 터미널, 신문 가판대 혹은 식료품점에서 취급했고요. 이러한 시기에 시티 라이츠는 문고본만을 전문적으로 판매하면서 뉴욕의 출판업자들에게 품질 좋은 문고본의 시장성에 대한 확신을 심어주게 됩니다.

1955

10월 7일 식스 갤러리에서 비트 세대 작가들을 처음으로 소개하는 문학 행사가 열렸다. 앨런 긴즈버그는 처음으로 「울부짖음」이라는 시를 사람들에게 소개했다. 이 작품은 시에 대한 대중의 인식 자체를 바꿀 정도로 파격적이어서 펄링게티는 긴즈버그가 미국 문단에 변화를 가져올 위대한 시인이 될 것임을 바로 알아차렸다. 한편 펄링게티는 뉴욕으로 떠난 마틴의 지분을 매수해 출판사 시티 라이츠 퍼블리셔스City Lights Publishers를 세우고 포켓 포엣츠Pocket Poets 시리즈를 출간하기 시작했다. 그러나 긴즈버그의 시집 『울부짖음』은 외설적이라는 이유로 고발을 당해 경찰로부터 인쇄본 전량 회수 조치를 받았다. 다행히 법원이 『울부짖음』에 대한 고발을 기각하면서 이 사건은 도발적인 문학 작품이 출간되는 데 중요한 선례가 되었다. 이 시집이 출간됨으로써 미국 문학사의 새로운 페이지가 열렸다고 해도 과언이 아니다.

1960–1970

시티 라이츠 극장City Lights Theater이 열렸다. 문학과 관련된 행사가 도시 곳곳에 있는 극장과 대강당에서 수천 명에 달하는 관객을 불러모았다. 시티 라이츠는 샌프란시스코 언더그라운드 문학의 중심지가 되었다.

1980–1990

시티 라이츠는 비트 세대의 작가들이 그랬듯이 독자들에게 자유롭고 비판적으로 사유할 것을 촉구해왔다. 출판사는 이 시기에 젊은 미국 시인들의 작품을 널리 알릴 목적으로 시티 라이츠 스포트라이트City Lights Spotlight라는 시리즈를 발간하기도 했다.

2001

시티 라이츠는 미국의 문화 발전에 기여한 공로를 인정받아 샌프란시스코의 역사 기념물로 지정되었다.

2023

시티 라이츠는 여전히 전위적인 독립 문학의 중심지이며, 동시대 작가들과 만나는 행사를 매달 진행하고 있다. 서점은 지난 70년 동안 생각할 권리, 글 쓸 권리, 비판할 권리, 반대 의견을 낼 권리 등을 꾸준히 지지해왔다.

시티 라이츠 서점은 삼각형 모양의 아르리구에스 빌딩에 있습니다. 건물이 자리한 콜럼버스 애비뉴는 샌프란시스코의 주요 거리 중 하나로, 직사각형 바둑판 모양의 시내를 대각선으로 가로지르고 있어요. 건물주의 이름이 붙은 이 빌딩은 1907년에 건축가 올리버 에버렛이 설계했죠. 시티 라이츠는 다른 가게와 공간을 함께 쓰다가 나중에는 건물 전체를 차지하게 되었습니다. 원래 서점의 입구가 있었던 쪽의 좁은 계단을 오르면 중이층이 나오는데, 마틴의 사무실이 있었던 이 중이층에서 시티 라이츠의 역사가 시작되었습니다. 이 중이층 바로 아래에 있는 작고 세모난 공간에서 서점이 처음 문을 열었죠. 건물 뒤쪽에는 책을 사지 않아도 편하게 앉아 독서를 할 수 있는 지하층이 있는데, 잭 케루악, 앨런 긴즈버그, 닐 캐서디 등 당대의 유명한 작가들이 여기를 자주 들르곤 했답니다. 지하층으로 내려가는 계단에는 방문객이 우편물을 가져갈 수 있는 우편함이 있습니다. 카풀, 집, 애인 등을 구하는 광고가 붙으며 노스 비치의 동네 사랑방 역할을 했던 대형 게시판도 있고요. 미국에서 가장 다양한 시집 컬렉션을 자랑하는 위층에서는 독서회나 파티, 저자 사인회 같은 행사가 열리기도 합니다. 1층 메인 홀에서는 소설, 예술 관련 잡지와 도서, 시티 라이츠 출판사와 다른 중소 규모 출판사들의 간행물 등을 판매합니다. 각 직원마다 전문 분야가 있어 그에 따라 세심한 안내를 받을 수 있어요.

리브레리 데 콜론

Librairie des Colonnes | 모로코

제2차 세계대전 이후 탕헤르는 윌리엄 버로스, 장 주네, 폴 볼스와 제인 볼스, 테네시 윌리엄스, 퍼트리샤 하이스미스, 앨런 긴즈버그 등 수많은 작가들의 아지트였습니다. 이런 와중에 1949년 벨기에 출신의 제로피 가문이 파스퇴르 대로에 서점 리브레리 데 콜론을 열자 이곳은 곧 지성인들의 중심지가 되었죠. 지금까지도 과감한 주제를 다루는 책을 취급하는 것으로 유명한 책방입니다. 스페인에서 불과 몇십 킬로미터 떨어져 있지 않은 이곳에서는 프랑코 독재 시절에도 프랑코를 비판하는 서적이 자유롭게 팔렸습니다.

현재는 네 가지 언어로 번역된 문학 작품과 예술, 사진, 건축 기술 관련 희귀본을 주로 판매하고 있고 정기적으로 다양한 강연, 독서 모임, 영화 관람회 및 전시도 진행합니다.

리브라리아 베르트랑

Livraria Bertrand

포르투갈

세계에서 가장 오래 영업해온 이 서점은 1732년 리스본의 자유분방한 동네인 시아두 지구에서 문을 열었습니다. 그 시절 리브라리아 베르트랑은 단순한 서점이 아니라 시 낭독회, 문학 행사, 정치 토론회 등이 열리던 살롱이었습니다. 시간이 흐르면서 이 서점은 포르투갈 전역에 흩어진 52개의 지점을 거느리게 되었죠. 서점 안에 있는 일곱 개의 방에는 천장까지 닿는 책장들이 가득 차 있고, 이동식 사다리와 나무 계단이 놓여 있습니다. 여기서 책을 사면 세계에서 가장 오래된 서점에서 구입했음을 인증하는 특별한 도장을 찍어줍니다. 지진, 내전과 두 차례의 세계대전, 아홉 명의 국왕, 세 개의 공화국과 유럽연합을 모두 거쳐온 오랜 역사를 자랑합니다. 이 모든 주제를 망라하는 책들을 품고 있기도 하죠.

리스본 시아두 지구 가레트 거리 73-75

리브라리아 렐루 이 이르모

Livraria Lello e Irmão

포르투갈

포르투 카르멜리타스 거리 144

리브라리아 렐루 이 이르모에 들어서면 마치 역사책 속에 들어와 있는 것 같은 느낌이 들어요. 건물의 밝은 외관은 다양한 무늬와 프레스코화로 장식되어 있지만 내부는 어두운 톤으로 조성되어 대조적인 분위기를 자아냅니다. 나무 조각품, 천장까지 닿는 책장, 유명 포르투갈 작가들의 흉상, 서점 창립자의 부조浮彫, 서점의 역사를 보여주는 진열장 안의 고서 등이 서점을 가득 채우고 있습니다. 심지어 예전에 책을 운반하는 데 쓰였던 목재 수레와 레일도 그대로 보존되어 있죠. 서점 한가운데에는 1층과 2층 갤러리를 연결하는 아름다운 계단이 있어요. 천장은 네덜란드 건축가 헤라르뒤스 사무엘 반 크리켄이 포르투갈에서 가장 오래된 작업실에서 만든 스테인드글라스로 장식되어 있습니다. 이 스테인드글라스에는 서점 창립자의 신조인 "Decus in Labore(노동에 깃든 존엄)"가 모노그램으로 새겨져 있어요. 이는 1906년부터 서점에서 일했던 모두가 간직했던 철칙이기도 하답니다.

리브라리아 렐루 이 이르모는 신마누엘Neo-Manueline 양식으로 지어졌습니다. 마누엘 양식이란 국왕 마누엘 1세의 이름을 딴 포르투갈의 건축 양식을 뜻합니다. 그가 통치하던 16세기 초의 포르투갈은 해양 강국으로서 전성기를 누리고 있었는데요, 이 시기에 고딕, 아라베스크, 르네상스 등 이전 시대의 이색적인 양식이 혼합되어 대항해 시대를 대표하는 마누엘 양식이 만들어졌죠.

1858

에르네스투 샤르드롱은 프랑스에서 포르투갈로 이주했다. 샤르드롱의 숙부는 그를 포르투에 있는 친구의 서점에 취직시켜 주었는데, 그는 그곳에서 포르투갈어를 익히고 출판 시장에 대한 지식을 쌓으며 서적상 겸 출판 사업가가 되었다.

ERNESTO CHARDRON

1869

샤르드롱은 복권에 당첨되어 받은 돈으로 클레리구스 거리에 리브라리아 인테르나시오날Livraria Internacional이라는 서점을 열고 포르투갈과 프랑스의 유명 작가들의 도서를 출판하는 사업을 시작했다.

1881

문화재, 고서, 음악 애호가였던 조제 핀투 지 소우자 렐루는 어린 시절부터 꿈꿔왔던 서점을 포르투 알마다 거리에 열었다. 그는 그때까지만 해도 다음 세기에 그의 이름을 딴 건물이 바로 옆 동네에 들어서게 될 것이라고는 상상조차 하지 못했다. 그는 이내 출판업계 동료들 사이에서 유명 인사가 되었다.

1894

조제 렐루는 샤르드롱이 사망한 후 그의 서점과 출판사의 판권을 사들였다. 그는 샤르드롱의 일을 이어받아 동생 안토니우와 함께 도서 판매와 출판 사업을 시작했다.

1906

부유한 중산층이었던 렐루 형제는 엔지니어이자 책 애호가인 프란시스쿠 사비에르 에스테베스에게 카르멜리타스 거리에 새로 지을 건물의 시공을 맡겼다. 이 건물에서 1906년 1월 13일 문을 연 서점 리브라리아 렐루 이 이르모는 지금까지도 같은 장소에 있다. 렐루 형제는 출판업계에 큰 기여를 한 창립자를 기념하기 위해 서점 외벽에 샤르드롱의 이름을 새겼다.

1920 – 1950

리브라리아 렐루는 포르투갈에서 가장 규모가 큰 도서 수출입 사업을 하기도 했다. 윌리엄 셰익스피어, 알렉상드르 뒤마, 귀스타브 플로베르, 미겔 데 세르반테스, 빅토르 위고, 찰스 다윈 등의 저작이 포르투갈어로 번역되어 출간되었다.

2013

리브라리아 렐루가 포르투갈 건축 양식의 다양한 개성을 간직하고 있다는 점을 인정받아 문화유산으로 지정되었다.

JOSÉ & ANTONIO LELLO

2015

방문객을 독자로 끌어들이기 위해 리브라리아 렐루는 입장권 시스템을 도입했다. 방문객은 서점에 들어가려면 입장권을 사야 하는 대신 입장료만큼 할인된 금액으로 책을 구매할 수 있다.

2018

철저한 복원 작업을 통해 초창기의 모습을 되찾았다. 복원 작업 중 샤르드롱의 행운이 또 일어나길 바라는 점원들이 계산대 밑에 붙여놓은 복권이 여러 장 발견되었다. 서점은 이 전통을 계승하여 옛날 스타일의 복권을 만들어 매년 서점 창립일에 추첨 행사를 연다.

2019

문학과 과학 분야의 중요한 업적을 기리기 위해 유럽 내에서 가장 규모가 큰 문화 관련 민간 상을 만들었다.

2020

리브라리아 렐루는 재능 있는 신인 작가들을 발굴하기 위해 단편 소설 공모전을 열었다. 이 공모전에는 39개국에서 5600명이 넘는 작가들이 참여했다. 당선자 여섯 명의 단편 소설은 포르투갈어, 스페인어, 영어로 문학 잡지 《쿼런틴 히스토리Quarantine History》에 게재되었다. 리브라리아 렐루는 세계 최대 규모의 도서 컬렉터가 되길 꿈꾸며 세계 곳곳의 골동품점, 고서점, 그리고 경매를 통해 희귀한 도서를 찾는 데 많은 노력을 기울이고 있기도 하다. 한 예로 이 서점은 코임브라 에지토라Coimbra Editora의 도서 컬렉션을 인수하여 포르투갈의 상징적인 출판 자료를 보존해낸 적이 있다.

2023

이 서점은 예술과 문학 애호가들의 모임 장소로서 매달 출판 기념회, 토론회, 북토크, 낭독회 등을 개최하고 있다.

리브레리아 페레스 갈도스

Librería Pérez Galdós

스페인

작가 베니토 페레스 갈도스의 이름을 딴 이 서점은 그의 후손들이 창립했습니다. 작가의 손자가 1942년 처음 서점을 연 이래로 이곳은 거의 변하지 않았죠. 작가의 작품을 기념하는 한쪽 구석에는 그의 초상화가 세워져 있습니다. 소설과 철학 에세이, 종교 도서로 가득 찬 책장도 그대로 있어요. 이 서점은 희귀한 중고 서적 매매를 전문으로 하고 있습니다. 여기서는 어떤 책이든 찾아낼 수 있다고 합니다! 그래서 스페인 국경을 넘어 외국에서도 많은 손님이 찾아오는 곳이랍니다.

CALLE DE HORTALEZA
ALIMENTACION
OFERTAS PERMANENTES

리브레리아 아콰 알타

Libreria Acqua Alta

이탈리아

이탈리아 베니스에 있는 리브레리아 아콰 알타는 세계에서 유일하게 곤돌라를 책장으로 사용하는 서점입니다. '리브레리아 아콰 알타Libreria Acqua Alta'는 이탈리아어로 '만수위滿水位 서점'이라는 뜻입니다. 잦은 홍수 때문에 이 서점은 책을 욕조, 방수 탱크, 심지어는 곤돌라 안에 보관하고 있어요. 홍수에 젖은 책들은 뒷마당의 계단으로 사용되고 있고 비상구는 곧장 운하로 연결됩니다. 서점의 컬렉션도 그 모습만큼이나 독특한데요, 신간은 물론이고 외국 중고 도서도 쉽게 찾을 수 있습니다. 특히 베니스에 대한 책이 많다는 점도 짚고 넘어갈 만하네요.

베니스 산타 마리아 포르모사 거리 5176b

아틀란티스 북스
Atlantis Books

그리스

한때 선장의 집으로 쓰였던 아틀란티스 북스는 산토리니의 아름다움에 반한 친구들이 모여 2004년에 문을 열었습니다. 현재 이 서점은 섬에서 가장 인기 있는 관광지 중 하나입니다. 여기서는 다양한 외국어로 된 책, 엄선된 시집, 에세이, 전 세계에 한 권밖에 없는 희귀본, 그리고 방대한 그리스 문학 컬렉션 등을 찾아볼 수 있어요.

산토리니 이아 마을
니콜라우 노미쿠 거리 847 02

상대적으로 한적한 비수기에 서점은 책을 출판하거나 제본 워크숍을 진행합니다. 에게해가 내려다보이는 테라스에서 영화를 상영하기도 하죠.

카르투레슈티 카루셀

Cărtureşti Carusel

루마니아

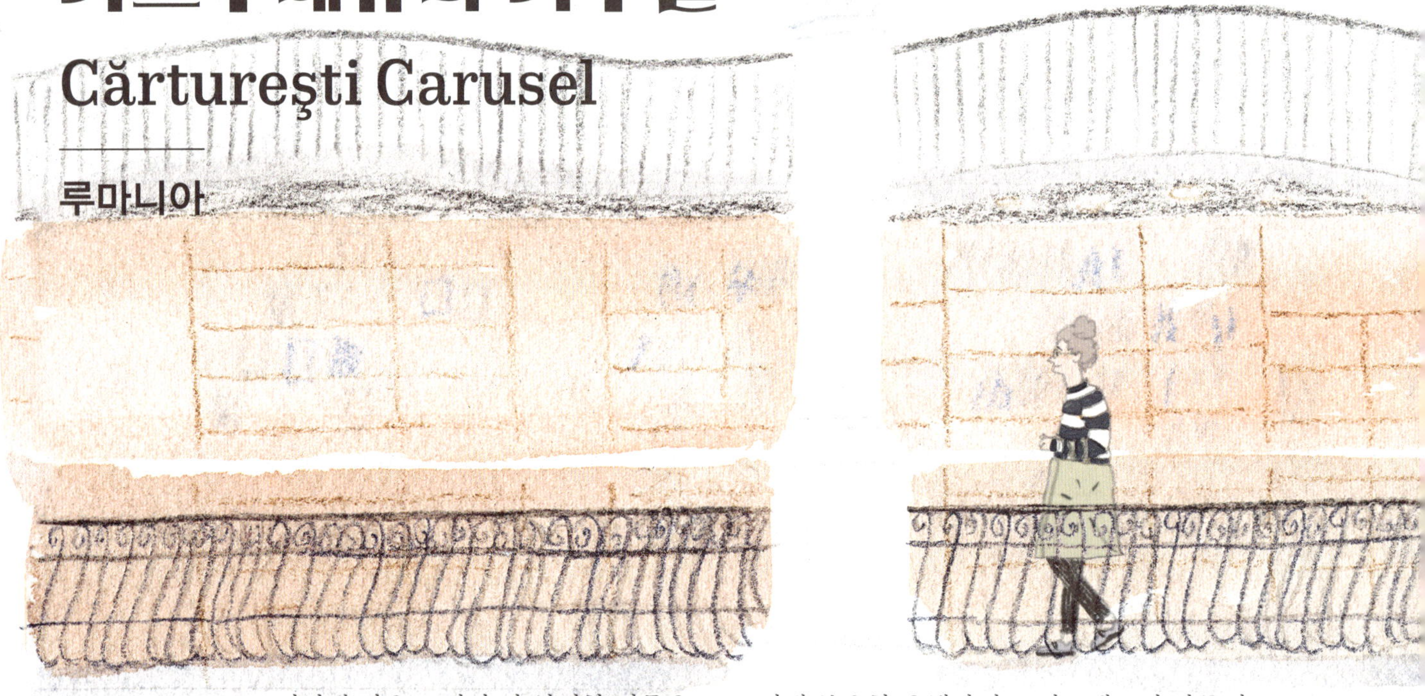

19세기에 지은 도심의 이 화려한 건물은 1903년에 부유한 은행가인 크리소벨로니 가문에 넘어갔습니다. 은행의 본사로 사용되다가 공산주의 정권이 국유화해 백화점으로 바뀌었어요. 그 후 건물은 은행가의 손자가 소유권을 되찾을 때까지 한동안 방치되었죠.

건물의 복구 작업이 완료된 2015년, 밝고 넓은 서점이 문을 열었습니다. 6층짜리 건물을 통째로 사용하는 이 복합 문화 공간에서는 출판 기념회나 공연도 열리지요. 지하층에는 멀티미디어 공간이, 1층에는 현대 예술 갤러리가, 꼭대기 층에는 유리 천장으로 덮인 카페가 있어요.

셰익스피어 앤드 컴퍼니
Shakespeare and Company

프랑스

셰익스피어 앤드 컴퍼니는 파리에서 가장 유명한 독립 서점입니다. 사실 파리에서 이 이름으로 운영된 서점은 두 곳인데, 미국인인 실비아 비치가 프랑스 문학에 빠져 파리로 이주한 시점부터 첫 번째 서점의 역사가 시작되었습니다. 그는 파리에서 개인 서점을 운영한 최초의 여성인 아드리엔 모니에를 알게 되었는데요, 모니에에게 영감을 받은 실비아는 1919년 파리에서 영어로 쓰인 책을 파는 서점 셰익스피어 앤드 컴퍼니를 열었습니다. 이 서점은 곧 영미권 문학의 중심지가 되어 전 세계의 이름난 작가들을 불러

모았습니다. 어니스트 헤밍웨이, F. 스콧 피츠제럴드, T. S. 엘리엇, 에즈라 파운드, 거트루드 스타인, 제임스 조이스… 이 외에도 수많은 비트 세대 작가들이 여기서 자주 모였다고 합니다. 서점은 제2차 세계대전 동안 문을 닫았지만 1951년 조지 위트먼이라는 미국인이 실비아의 뜻을 이어받아 두 번째 서점을 열었어요. 아나이스 닌, 리처드 라이트, 훌리오 코르타사르, 헨리 밀러, 제임스 볼드윈 등 새로운 세대의 작가들이 이 서점을 찾아왔다죠.

1919

실비아는 서점 겸 도서관인 셰익스피어 앤드 컴퍼니를 열었다. 책을 사지 않는 손님들도 편하게 독서를 할 수 있었다.

1921

엄청난 인기 덕에 서점은 건너편 오데옹 거리 12번지의 더 큰 건물로 이사해야 했다. 당대의 뛰어난 예술가들이 이 서점을 자주 찾았다.

1922

실비아는 당대의 전위적인 문학에 관심이 많았다. 그는 편집자들에게 신진 작가의 원고를 보내며 출판을 적극적으로 추진했다. 모든 출판사가 망설이는 사이 실비아는 친구인 제임스 조이스의 모더니즘 소설 『율리시스』를 출판했다.

1941

독일군이 파리를 점령했다. 실비아가 독일군 장교에게 제임스 조이스의 『피네간의 경야』 판매를 거절한 이후 셰익스피어 앤드 컴퍼니는 문을 닫아야 했다. 실비아는 비텔에 있는 수용소에 6개월간 수용되었다가 파리로 돌아왔지만, 독일군에게서 지켜냈던 이 서점을 다시 열지는 않았다.

1951

조지 위트먼이 노트르담 성당 건너편인 센강 좌안의 뷔슈리 거리 37번지에 르 미스트랄이라는 서점을 열었다. 이 서점은 곧 파리의 외국 문학 애호가들이 즐겨 찾는 명소가 되었다.

1959

실비아는 『셰익스피어 앤드 컴퍼니』라는 회고록을 출판했다.

1964

윌리엄 셰익스피어의 탄생 400주년을 맞아 위트먼은 자신이 존경하는 실비아 비치를 기념하며 서점의 이름을 '셰익스피어 앤드 컴퍼니'로 바꾸고, 그가 열었던 서점의 분위기를 재현하고자 했다.

2003

위트먼이 실비아를 기념하기 위해 같은 이름을 지어준 그의 딸 실비아 위트먼은 페스티벌앤드코FestivalandCo라는 문학 축제를 열었다.

서점은 문을 연 이래로 지금까지 낮에는 벤치로 쓰이는 책장 사이의 침대에서 방문객이 자고 갈 수 있는 기회를 마련해왔습니다. 이는 위트먼이 미국과 멕시코와 중앙아메리카를 여행하던 중 받았던 따뜻한 환대를 갚기 위함이라고 합니다. 위트먼은 서점의 방문객을 "우연의 바람이 데리고 왔다가 데리고 가는" 풀인 '회전초'라고 불렀는데요, 그가 이 서점에서 묵고 가는 사람에게 요구하는 것은 딱 세 가지입니다. 첫째, 하루에 책 한 권 읽기. 둘째, 서점 일 도와주기. 셋째, 종이 한 장에 자신의 회고록을 써보기. 수많은 이들의 역사가 고스란히 담긴 회고록 수천 편이 문서 보관함을 가득 채우고 있습니다.

2006

서점 주인이 된 실비아는 아버지의 방식을 계승하여 서점을 운영하고자 했다. 서점은 여전히 '회전초' 방문객들에게 침대를 제공하고, 작가와 독자를 위한 행사를 개최하고 있다.

2011

전 세계 신인 작가들의 미발표 소설을 대상으로 하는 파리문학상을 만들었다.

2015

아버지의 꿈을 따라 실비아는 서점 옆에 작은 카페를 열었다. 같은 해, 그는 전 세계의 유명한 작가들을 서점으로 초청하여 이들과의 대화를 실시간으로 들을 수 있는 팟캐스트 〈셰익스피어 앤드 컴퍼니: 라이터스, 북스 앤드 파리Shakespeare and Company: Writers, Books and Paris〉를 시작했다. 또한 서점 직원들이 고른 책을 우편으로 받아 볼 수 있는 '독서의 해 기념 도서 세트' 도서 구독 서비스도 시작했다.

2016

서점의 역사가 고스란히 담긴 책 『셰익스피어 앤드 컴퍼니, 파리: "마음 속 고물상"의 역사Shakespeare and Company, Paris: A History of the Rag & Bone shop of the Heart』가 출간되었다.

리브레리 쥬쏨
Librairie Jousseaume

프랑스

리브레리 쥬쏨은 비비안 갤러리에 자리한 오래된 서점입니다. 유리 돔 지붕, 모자이크 타일바닥, 프레스코화와 우아한 장식 등 신고전주의적인 인테리어 덕분에 이 갤러리는 1826년에 문을 열자마자 파리에서 가장 아름다운 갤러리 중 하나로 손꼽히게 되었습니다. 당시에 이곳은 지식인, 예술가, 부르주아들이 모이는 장소이자 센강 우안의 대표적인 문화 관광지였다고 합니다. 갤러리가 문을 열었을 때부터 운영된 이 서점은 지금도 19세기나 20세기의 서적, 엽서, 인쇄물 등을 판매하고 있어요. 서점의 현재 주인은 1890년부터 가게를 운영해온 쥬쏨 가문의 후손인 프랑수아 쥬쏨입니다.

파리 비비안 갤러리 45-46-47호

베를린 슈타트반뵈겐 거리 593, 사비니플라츠역

뷔허보겐 서점은 베를린의 사비니플라츠역에 있습니다. 광역 전철이 다니는 긴 다리 아래에 벽돌로 지어졌죠. 1980년 루트힐트 슈판겐베르크는 자동차 수리점으로 쓰였던 집 두 채를 건축과 예술 분야 전문 서점 겸 전시 공간으로 개조했습니다.

뷔허보겐 암 사비니플라츠

Bücherbogen am Savignyplatz

독일

서점에는 영화, 사진, 예술, 건축, 베를린 등 다양한 주제를 아우르는 책들이 있습니다. 베스트셀러부터 희귀본까지 매우 다양한 도서를 구할 수 있고 각 코너에는 해당 분야의 전문 잡지도 비치되어 있어요. 독특한 예술 서적을 구하려고 여러 나라에서 방문객이 찾아온답니다.

부칸들 도미니카넌

Boekhandel Dominicanen

네덜란드

부칸들 도미니카넌은 네덜란드의 아주 오래된 도시 중 하나인 마스트리흐트의 도미니크회 교회 안에 있어요. 13세기에 완공된 이 교회는 고딕 양식으로 지은 네덜란드 최초의 교회입니다. 이 건물은 마스트리흐트가 프랑스 제1공화국에 합병된 1794년 이전까지 500여 년간 교회였다가 이후 200여 년 동안은 기병대의 마구간, 창고, 공연장, 뱀 사육장, 권투 경기장, 자전거 보관소로도 사용되었다고 해요.

이 교회 건물을 2006년에 현대적인 서점으로 개조했습니다. 4년간의 복원을 거쳐 스테인드글라스와 벽면의 프레스코화, 돔 천장의 그림이 모두 보존되어 있습니다. 북쪽 벽에는 도미니크회의 대표적인 성인이자 철학자인 성 토마스 아퀴나스를 그린 벽화가 있어요. 1337년에 그린 것으로 추정되는 이 작품은 현존하는 프레스코화 중에 가장 오래된 것이죠. 철제 2단 책장들은 역사적 가치를 지닌 벽을 손상하지 않도록 벽과 약간의 거리를 두고 설치했습니다. 위층으로 올라가면 1619년에 그려진 프레스코화를 좀 더 자세히 볼 수 있어요. 성가대석이 있던 자리에는 사인회, 토론회, 강연, 인터뷰, 공연 등 다양한 문화 행사가 열리는 안락한 카페가 들어서 있습니다. 방문객들은 내부의 독특한 분위기를 만끽하며 책을 둘러볼 수 있죠.

마스트리흐트
도미니카네어키어허 거리 1

워드 온 더 워터는 '디안티Dianti'라는 이름의 100년 된 바지선에 마련된 서점입니다. 고전문학, 현대문학을 가리지 않고 배 안팎으로 수많은 신간과 중고 서적이 늘어서 있습니다. 상갑판에는 실외 음악회, 독서회 및 시인 낭독회가 열리는 무대가 있습니다. 서점은 날씨와 상관없이 연중무휴로 운영됩니다. 여름에는 강변 잔디에 누워 라이브 음악을 들으면서 책을 읽을 수 있고, 겨울에는 난로 옆에 앉아 책을 읽을 수 있어요.

패디 스크리치, 조너선 프리벳, 스테파네 쇼드 세 사람이 2011년 이 서점을 열었습니다. 잉글랜드와 웨일스 전역의 강과 운하를 관리하는 캐널 앤드 리버 트러스트의 규정에 따라 서점은 격주마다 이동해야 했습니다. 2015년이 되어서야 영구적으로 정박할 장소를 허가받았다네요. 지금은 킹스 크로스의 그래너리 광장 주변에서 이 서점을 찾아볼 수 있습니다.

워드 온 더 워터

Word on the Water

런던 리젠트 운하 워프 로드 가든스 옆

잉글랜드

바터 북스

Barter Books

잉글랜드

영국 북부, 노섬벌랜드주의 작은 마을인 안윅에 1887년 기차역이 들어섰습니다. 이 역을 지나는 노선은 1960년대에 폐쇄되었지만, 기차역은 서점이 되어 남아 있어요. 서점 주인인 메리 맨리와 스튜어트 맨리 부부는 각별한 관심을 기울여 기차역의 주철 벽난로, 시계탑, 식수대, 유리 지붕 대합실 등을 복원했습니다. 겨울용 화로, 책장 위의 철로 모형, 어린이 방과 고서가 꽂혀 있는 책장 등이 특별한 분위기를 자아내죠. 바터 북스는 유럽에서 가장 큰 중고 서점으로 꼽힙니다. 18세기에 출판된 희귀본부터 대중적인 현대 문고본까지 총 35만여 권의 컬렉션을 자랑합니다. '물물교환barter'이라는 서점 이름에 걸맞게 이곳에서는 종종 물물교환이 이루어지기도 하는데요, 손님은 자신의 중고 책을 다른 중고 책으로 교환하거나 마일리지로 적립할 수 있습니다.

is in the havens dumb,
wing of the sea.
B5
B7
TRAVEL
TRAVEL

1887

건축가 윌리엄 벨의 설계에 따라 빅토리아 양식의 기차역이 건설되었다. 지방의 소도시인 이곳에 상대적으로 큰 기차역이 들어서게 된 건 안윅성에 거주하던 노섬벌랜드 공작 때문이었다. 안윅을 방문하는 왕족에게 강한 인상을 남기기 위해 필요보다 큰 기차역을 지었다고 한다.

1908

노섬벌랜드 공작과 다른 고위 관료들은 훗날 조지 5세와 메리 왕비로 등극하는 웨일스 공과 공비를 이 역에서 맞이했다.

1968

80년의 역사를 지닌 기차역이 영국 철도 시스템 개혁의 일환으로 폐쇄되었다.

스튜어트 맨리는 1997년부터 앤머스-안윅 구간의 철도 복원 캠페인을 주도했습니다. 현재 방문객은 복원된 선로를 따라 증기 기관차를 타고 1킬로미터 남짓한 거리를 여행할 수 있습니다.

1991

맨리 부부가 옛 기차역 건물에 바터 북스를 열었다.

2000

맨리 스튜어트는 예전에 이 건물에 있었던, 철도와 기관차 모형을 만드는 회사에서 일했다. 그 앞의 작은 공간에서 시작한 서점은 30년 만에 건물 대부분을 차지하게 되었다. 예전에 입구가 있었던 곳에는 현재 아동 문학 코너가 있고 기차가 머물던 승강장에는 책장이 들어서 있다. 방문객은 예전처럼 일등석 대합실에서 커피를 마시며 신문을 읽을 수 있는데, 안윅역의 마지막 역장이었던 존 패터슨의 초상화가 이들을 바라보고 있다.

맨리 부부는 경매에서 구입한 중고 책 상자에서 'Keep Calm And Carry On(진정하고 평상시처럼 하던 일을 하십시오)'의 원본 포스터를 발견했다. 전쟁으로 충격에 빠진 국민을 격려하기 위해 1939년 영국 정부가 제작한 포스터였다. 맨리 부부는 간결하면서 현대적인 디자인이 마음에 들어 포스터를 서점 벽에 걸어두었고, 곧 사람들의 눈길을 끌기 시작했다. 이후 수많은 복제품이 제작되면서 이 포스터는 전 세계로 퍼지게 된다. 21세기에 가장 크게 유행한 프로파간다 포스터는 이렇게 탄생했다.

브라브르트니르 에이욜루션

Bræðurnir Eyjólfsson

아이슬란드

한 가문이 4대에 걸쳐 운영하는 브라브르트니르 에이욜루션은 아이슬란드 베스트피르디르의 작은 어촌에 있습니다. 1914년 처음 문을 연 이래로 서점의 내부는 거의 바뀌지 않았습니다. 서점은 아직까지도 중고 서적을 무게 단위로 판매하는데, 방문객은 자신이 고른 책의 무게를 직접 100년 된 저울에 달아볼 수 있어요. 한편 서점은 인기 있는 아이슬란드 현대 작가들의 작품과 그 번역본을 판매하기도 합니다. 100년 이상의 역사를 지닌 기업에서 만든 세계 각국의 특산품과 명품도 팔죠. 방문객은 서점의 창립자인 욘 씨의 건물에서 70년 전 아이슬란드로 시간 여행을 떠날 수 있습니다. 서점의 위층은 원래 100년 넘게 서점 주인 일가가 살던 집이었지만 현재는 세를 내놓은 상태입니다. 이 집은 아이슬란드에서 20세기 초반에 지은 건물 중 지금까지 사람이 살고 있는 거의 유일한 건물일 것입니다.

아카테미넨 키르야카우파
Akateeminen Kirjakauppa

핀란드

헬싱키 포흐요이세스플라나디 39
케스쿠스카투 1

아카데미넨 키랴카우파는 1893년에 창립했습니다. 서점 직원들은 단골 손님이 어떤 작품을 좋아하는지 잘 알고 있으며 심지어 이전에 무슨 책을 샀는지를 기억하기도 합니다. 손님이 와서 가물가물한 소설책 주인공 어머니 이름만 대더라도 아마 무슨 책을 찾는지 알아낼 거예요.

아카데미넨은 사상과 표현의 자유, 그리고 관용을 최우선의 가치로 내세웁니다. 이 서점에서는 언제든 어떠한 책도 검열당하지 않고 다양한 주제를 자유롭게 다루지요.

아카데미넨은 핀란드 최대 규모의 도서 컬렉션을 자랑합니다. 이곳에는 방대한 해외 문학 코너, 핀란드의 역사와 문화와 자연에 관한 전문 서적 코너, 전 세계의 잡지와 신문 컬렉션이 있습니다.

1969년 가을 아카데미넨은 핀란드를 대표하는 건축가 알바 알토가 지은 새 건물로 이전했습니다. 알바 알토는 북유럽 모더니즘 건축의 선구적인 인물이자 스칸디나비아 디자인의 거장이죠. 구리로 덮여 근엄한 느낌을 주는 건물 외벽은 주변의 환경에 조응하는 방향으로 설계했습니다.

건물 안으로 들어가면 지붕에 뚫린 구멍을 통해 쏟아지는 환한 햇빛으로 가득 찬 중앙 홀을 마주하게 된답니다.

팟비스느예 이즈다니야

Podpisnyye Izdaniya

러시아

상트페테르부르크 리체이느이 대로 57

팟비스느예 이즈다니야는 상트페테르부르크를 여행할 때 꼭 가봐야 할 명소입니다. 동화책이나 역사책에서 튀어나온 듯한 인테리어 덕분에 하루 종일 머물고 싶어질지도 모릅니다! 서점 직원들은 주로 본인이 좋아하는 책을 추천해주는데요, 궁금한 것을 언제나 편하게 물어볼 수 있고 책 추천도 받을 수 있습니다.

1926

레닌그라드(현 상트페테르부르크) 시내 중심의 네프스키 대로에 팟비스느예 이즈다니야 서점이 문을 열었다. 회원으로 가입하면 책을 정기 구독 형태로 받을 수 있는 서점이었다.

1940

서점 회원 20만 명 돌파!

1941 – 1945

제2차 세계대전 동안 서점은 두 번이나 폭격을 당했다. 하지만 서점은 1941년에서 1944년까지 이어졌던 레닌그라드 공방전 중에도 운영을 멈추지 않았다.

1979

갈리나 안토노브나 예르마코바가 점장이 되었고, 이후 그의 딸과 사위도 함께 일하게 되었다. 서점 안에 중고 거래 코너와 도서 교환 코너가 생겼다. 1991년 소련의 붕괴 이후 민영화된 서점은 가족 사업으로 전환되었다.

소련 시절에 책을 사는 것은 쉬운 일이 아니었습니다. 작품집이나 백과사전, 잡지를 구입하려면 먼저 구매 신청서를 작성하고 해당 도서가 서점에 들어왔다는 연락을 기다려야만 했죠. 종종 저녁부터 서점 앞에 사람들이 줄을 서기도 했는데요, 다음 날 아침에 인기 작가의 신간을 신청할 수 있는 선착순 열댓 명에 들기 위해 줄을 서는 것이었죠.

1958

서점이 지금의 위치인 리체이느이 대로의 노브이 파사쥐 건물로 이전했다.

노브이 파사쥐는 건축가 니콜라이 바실리예프와 알렉세이 부브리의 설계에 따라 20세기 초에 유행하던 북유럽 모더니즘 양식으로 지은 2층 건물입니다. 내부에는 각종 상점과 식당이 일렬로 입점해 있죠.

구독형 출판물은 러시아 전역에 전문 서점이 들어서던 1920년대 후반에 대량으로 인쇄되기 시작했습니다. 당시 구독형 출판물의 출간 소식은 라디오 방송, 주요 신문의 지면 광고, 노면 전차의 안내문 등에 실리는 중요 뉴스였습니다.

2012

갈리나 안토노브나의 손자인 미하일 이바노프는 서점을 보수한 후 새롭게 문을 열었다. 이바노프는 소규모 출판사를 선호하는 자신의 취향을 반영해 판매할 책을 골랐다. 한편 서점 내부는 본래 모습을 살리는 쪽으로 복원되었다. 새 발코니와 계단 난간은 예전의 제철 방식으로 제작되었다. 스테인드글라스는 역사적인 일화들을 묘사한 그림으로 장식되었고, 유리 진열장과 샹들리에 역시 이전 시대를 연상하게 하는 스타일로 만들어졌다. 오늘날 사람들은 이곳에 와서 책을 볼 뿐만 아니라 일을 하거나 친구와 대화를 나누기도 한다. 북토크, 강연, 저자와의 만남 등 다양한 행사도 열린다. 방문객은 도서 구입 여부와 상관없이 언제든지 서점 직원과 책에 관해 이야기를 나눌 수 있다.

2017

서점은 공간을 확장하고 전속 출판사를 세웠다.

2020

서점이 2층까지 확장되면서 면적이 원래보다 4배 정도 늘었다. 2층에서는 예술과 철학 관련 도서, 전집류, 외국어 도서 등을 볼 수 있고 카페와 어린이 놀이방이 들어서 있다.

2023

팟비스느예 이즈다니야는 아카뎀크니가Академкнига라는 서점이 80여 년 동안 영업했던 이웃 건물에 아카데미야Академия라는 중고 서점을 열었다. 여기에서는 각종 희귀본과 절판된 도서의 복각판 등을 찾아볼 수 있다.

점원들이 업무 시간 중에 찍은 사진을 올리는 서점의 SNS 계정도 관심을 가져볼 만합니다. 언젠가 배우 매튜 맥커너히의 회고록 『그린라이트』를 홍보하기 위해 점원들이 추운 겨울날 바닷가에서 수영복을 입고 찍은 사진이 올라오기도 했죠. 모래처럼 깔아놓은 눈 위에서 신호등과 선베드로 여름 분위기를 연출했더군요.

보이 파라

Boi Para

인도

콜카타의 칼리지 거리는 아시아 최대의 책 시장이자 세계 최대의 중고 책 시장입니다. 이 동네는 '보이 파라(책의 도시)'라고도 불리죠. 칼리지 거리라는 명칭은 19세기에 수많은 대학교가 들어선 이후 도시의 지성인들이 이 거리에 모이기 시작한 데서 유래했습니다.

서벵골주 콜카타 칼리지 거리

이곳에는 수백 군데의 서점과 인도 최대의 출판사들이 밀집해 있습니다. 수십 년 동안 인도의 이름난 작가들이 모여들었던 유명 카페 '인디언 커피 하우스'도 있죠. 벽돌로 지은 평범한 건물부터 대나무, 철판, 캔버스 등을 활용해 임시로 지은 작은 가판대까지, 이곳의 서점들이 지닌 다양성은 실로 감탄을 자아낸답니다. 책을 구입하지 않아도 앉아서 독서를 즐길 수 있는 장소가 많아요.

쫑슈거钟书阁 서점의 문을 열면 수많은 계단으로 둘러싸인 홀에 들어서게 됩니다. 마우리츠 에스허르의 그림에서 볼 법한 거울 천장이 이 공간을 실제보다 두 배는 더 넓어 보이게 해주죠. 서점의 이런 내부는 충칭의 지형에서 영감을 얻어 설계되었다고 합니다. 외벽은 유리로 덮인 간결한 형태지만, 내부로 들어가면 전등갓 형태의 책장들과 어두운 로비가 이어집니다. 로비의 복도는 터널 형태의 책장이 바닥에 반사되어 마치 책으로 만든 거대한 파이프 속을 걷는 듯한 느낌을 준답니다. 로비 반대쪽에는 아동 문학 코너가 있고 위층에는 고전 문학과 종교 도서 코너, 그리고 대화를 나눌 수 있는 부스 공간이 마련되어 있습니다. 서점의 인테리어를 맡은 상하이의 엑스+리빙X+Living 건축 사무소는 중국의 여러 서점을 파격적으로 설계한 것으로 유명합니다.

충칭 쫑슈거

Chongqing Zhongshuge

중국

충칭시 지우룽포구 양지아핑전 거리, 중디 플라자 3-4층

책방 소리소문

Sorisomoon Books

한국

제주시 한경면 저지동길 8-31

책방 소리소문은 한적하고 조용한 제주도 마을에 자리한, 한옥을 개조한 서점입니다. 음악이 흐르고 책장과 화분에 햇빛이 비치는 아늑한 공간이에요.
서점에서 판매되는 모든 책은 서점을 운영하는 정도선, 박진희 부부가 고심하여 선별합니다. 정도선 씨는 어린 시절 도시에서 시골로 이사를 갔을 때 조그마한 동네 책방에서 큰 위로를 얻었다고 합니다. 수많은 책 중에서 마음에 드는 책 한 권을 찾게 된 순간 더 이상 외롭지 않아졌다고 해요. 그래서 다른 이들에게도 책으로 가득한 공간을 선물해주고 싶다고 하네요. 그는 이제 자신의 서점에서 사람들이 마음에 드는 책을 발견하는 순간을 지켜보며 큰 보람을 느끼곤 합니다.

평산책방

Pyeongsan Bookstore

한국

평산책방은 영축산 기슭의 작고 아담한 마을에 자리해 있습니다. 대통령이었던 문재인 씨가 퇴임한 후 연 서점이죠. 책방은 마을 사람들이 책을 읽고 이야기를 나눌 수 있는 공간이자 작가와 독자를 연결해주는 공간이 됐습니다. 다양한 강연과 워크숍을 열기도 합니다. 책방에서 운영하는 북클럽을 통해 사람들은 책을 추천받기도 하고 다양한 문화 행사에 참여하거나 온라인 커뮤니티에서 소통하고 있습니다.

경상남도 양산시 하북면 평산마을1길 17

모리오카 쇼텐
Morioka Shoten

일본

"책 한 권만 있는 단 한 칸의 방"

이 서점의 가장 큰 특징은 한 주에 한 가지 책만 판다는 것! 매주 전시되는 책은 서점 주인 모리오카 요시유키 씨가 직접 엄선합니다. 일본에는 벚꽃 철에 봄이 오는 것을 축하하는 하나미はなみ라는 풍습이 있는데요, 그는 하나미처럼 특별한 경험이 되길 바라며 전시 기간을 일주일로 정했다고 합니다. 모리오카 씨는 매주 선정한 책의 분위기를 잘 전달하기 위해 사진전이나 도예 전시회를 열기도 하고, 책 속에서 작가가 언급한 꽃을 책장 사이에 끼워 넣기도 합니다. 때로는 독자, 작가, 디자이너 들의 만남을 주선하기도 하죠. 모리오카 쇼텐은 1929년에

도쿄 주오구 긴자 1-28-15,
스즈키 빌딩

모더니즘 스타일로 지어진 스즈키 빌딩 1층에 있습니다. 한때 이 건물에 일본 그래픽 디자인 산업을 선도했던 출판사 닛폰고보日本工房가 있었기 때문에 모리오카 씨는 서점을 여기에 열었다고 합니다.

어딘가엔 나의 서점이 있다

펴낸날 초판 1쇄 2024년 12월 16일
초판 3쇄 2025년 12월 25일

지은이 마리야 이바시키나

옮긴이 벨랴코프 일리야

펴낸이 이주애, 홍영완

편집장 최혜리

편집2팀 송현근, 박효주, 홍은비

편집 한수정, 김하영, 강민우, 안형욱, 이은일, 김혜원, 이소연, 최서영

디자인 기조숙, 김주연, 윤소정, 박정원, 박소현

콘텐츠 양혜영, 이태은, 조유진 **홍보마케팅** 김민준, 김태윤, 김준영, 백지혜

해외기획 정미현, 정수림 **경영지원** 박소현

펴낸곳 (주)윌북 **출판등록** 제2006-000017호

주소 서울특별시 마포구 동교로19길 28(서교동 448-9)

홈페이지 willbookspub.com **전화** 02-323-3777 **팩스** 02-323-3778

블로그 blog.naver.com/willbooks **트위터** @onwillbooks **인스타그램** @willbooks_pub

ISBN 979-11-5581-777-3 (07920)

- 책값은 뒤표지에 있습니다.
- 잘못 만들어진 책은 구매하신 서점에서 바꿔드립니다.